Pappisihanteeni

Juhani Rantakylä

Pappisihanteeni

ja ortodoksisia puheita sekä hengellisiä opetuksia vuosilta 2010 - 2016 Mikkelin Ortodoksisessa seurakunnassa

Kansikuvassa Lintulan ortodoksisen luostarin tsasounan kellotorni Heinä-vedeltä. Kuvan otti kirjoittaja 2010-luvulla vierailun yhteydessä.

Kustantaja: BoD – Books on Demand, Helsinki, Suomi
Valmistaja: BoD – Books on Demand, Norderstedt, Saksa
ISBN: 978-952-80-0912-2

Lukijalle

Kirjoitelmani muodostaa jatkon äskettäin ilmestyneelle esikoisteokselleni "Saarnoja, puheita ja hengellisiä opetuksia" (Books on Demand, Helsinki, Suomi 2019, 180 s), jotka ovat peräisin luterilaisilta opiskelu- ja pappisvuosiltani ja jotka olen pitänyt eri puolilla Suomea sekä Etelä-Espanjassa vielä e-läkevuosinakin. Erottuani luterilaisesta kirkosta ja pappisvirasta, syistä.jotka olen kertonut vielä julkaisemattomassa elämäkertateoksessani, halusin o-sallistua Mikkelin Ortodoksisen seurakunnan vapaa-ehtoistoimintaan, jolloin minua pyydettiin pitämään opetus- ja alustuspuheenvuoroja eläkeläisten kerhossa paikallisen papin siunauksella.

Tekstini alkavat teologisilla ja raamatullisilla ajatuksilla siitä, millaisen tulisi ihannepapin olla, miten elää ja toimia, "ettei totuus unohtuisi" nykyiusen sekavan ideologisen ajan keskellä. Ajatukseni asiasta pitäisivät olla sitovia kaikille kristillisille kirkkokunnille jos pidetään kiinni raamatullisuudesta. Jälki-kirjoituksena esitän muutamia ajatuksia siitä, millaisena näen inhimilliseltä kannalta ihannepapin nykyisissä elämän erilaisissa tilanteissa.

Jatko-osassa käsittelen ortodoksisia periaatteita keskittyen erityisesti paastonajan uskonkilvoitukseen pyhien isien ja Raamatun opetuksiin vedoten. Lähtökohtana on se periaate, ettei ole kysymys ihmisen omavoimaisista ansioitumispyrkimyksistä vaan "Jumalan armovoiman" vaikutuksista uskonelämässä kohti Suurta Kärsimys- ja Ylösnousemusjuhlaa, Pääsiäistä.

Jumalan siunausta lukijalleni!

Mikkelissä Suuren Paaston aikana 2019 Rovasti

Juhani Rantakylä

Pappisihanteeni

Aine dogmatikan laudatur-seminaarissa.
Ohjaajana professori Osmo Tiililä Helsingin Yliopiston teologisesta tiede-
kunnasta kevättalvella 1960.
Kirjoitti teologian ylioppilas

Juhani Rantakylä

Jäsennys

Johdanto

Lainaukset Raamatusta ovat vuoden 1938 käännöksen mukaan

Joskus kuulee jo iäkkäämpien pappismiesten lausuvan elämänintoa pursuaville nuoremman polven virkatovereille: "Olihan meilläkiin ihanteemme". Tällä on tahdottu osittain tuoda julki sitäkin, että pap- pisihanteiden olemassaolo on säilynyt, joskin papiksi aikovien keskuudessa eri sukupolvet ovat käsittäneet omat ihanteensa eri tavalla. Samatkin ihanteet ovat esiintyneet vuosikymenien kuluttua muuntuneessa muodossa. Näin ollen on luonnollista, että juuri pappisalan työnäkyjen edessä syntyy joskin suurella arkuudella muodosteltu kuva ihannepapista. Ihanteethan kuuluvat nuoruuden valoisaan ja toi- verikkaaseen vaiheeseen. Mutta ihanteet pappisalastakin puheenollen voidaan johtaa joko puhtaasti inhimillisistä perusteista tai raama-tullisista lähtökohdista. Yritän seuraavassa lähteä jälkimmäisestä vaihtoehdosta.

Muistan kouluvuosieni ajoilta että papin persoonaan liittyi aina jotain pyhää ja että pappia kuunnellessa nousivat mieleen elämän korkeimmat arvot. Käsitystäni vahvistivat kuulemani sanat, jotka eräs nuori pastori kohdisti meille muutamille koulupojille: "Varma on tämä sana: Jos joku pyrkii seurakunnan kaitsijan virkaan, niin hän haluaa jaloon toimeen" (1 Tim 3:1). Aikaa myöten minulle selvisi, ettei tuo virka ollutkaan korkea sinänsä, vaan suuren tehtävänsä vuoksi. Sen jalous on siinä, että viran hoitaja saa olla itse Jumalan työtoverina ja palvelijana apostolien tapaan (2 Kor 6:1,4). Ennen virkaan ryhtymistään sen oikea hoitaja on pysähtynyt Herransa kanssa katselemaan ihmissielujen suurta joukkoa, joka on "nääntynyt ja hyljätty kuin lampaat, joilla ei ole paimenta" (Mt 9:36) tai kuin "viljavainio, joka on vaalennut leikattavaksi" taivaallisiin aittoihin (Jh 4:35). Ken on tämän kokenut, joutuu Paavalin tavoin tunnustamaan: "En voinut olla tottelematta taivaallista näkyä" (Apt 26:19) ja: "Voi minua, ellen minä evankeliumia julista" (1 Kor 9:16). Näin syntynyttä kutsumustietoisuutta on omiaan vahvistamaan se, että tajutaan vavahduttavaksi todeksi Herran sanat: "Eloa on paljon, mutta työmiehiä vähän" (Mt 9:37).

Sielujen Ylipaimen ja taivaitten Valtias vetoaa kutsumaansa palvelijaan kuin aikoinaan profeetta Hesekieliin: "Ihmislapsi. Kun kuulet sanan minun suustani, on sinun varoitettava heitä minun puolestani.Jos minä sanon jumalattomalle: jumalaton, sinun on kuolemalla kuoltava, mutta sinä et puhu varoittaaksesi jumalatonta hänen jumalattomasta tiestänsä, että pelastaisit hänen henkensä, niin jumalaton kuolee synnissänsä, mutta hänen verensä minä vaadin sinun kädestäsi" (Hes 3:17-18). Tuota vastuuta ei kutsumuksensa tunteva seurakunnan paimen voi kiertää. Hänen tehtävänsä on sielujen kaitseminen ja niiden johdattaminen elävän Jumalan tuntemiseen, uskoon ja siinä pysymiseen (Kol 1:28. Vrt myös Jh 21:15-17).

Näin ollen on sanomattakin selvää, että papin on oltava Jumalan työhön kutsuma ja lähettämä. Sielunpaimenen tehtävä muistuttaa suuresti profeetan virkaa, jonka päätarkoitus on olla Jumalan puolestapuhuja, tulkki, Jumalan tahdon julistaja ja siveellinen opettaja. Tosin profeetta sai ja saa sanat välittömästi Jumalalta, mutta pappi nojaa jo annettuun ilmoitukseen, jota hänen olisi profeetan tavoin selitettävä ja sovellettava kulloinkin käsillä olevaan aikaan ja tilanteeseen. Tämä tehtävä edellyttää henkilökohtaista uskoa, jonka si- sältö on tavallaan kahdenlainen: Ensiksi ihannepappi uskoo, että Jumala on kutsunut juuri hänet työhön elovainiolleen ja viiitarhaansa.

Toiseksi tuon uskon sisältö on sama kuin se, mihin papin olisi kuulijansa johdettava kääntymyksen ja parannuksen kautta eli Jumalan valmistamaan pelastukseen Jeesuksessa Kristuksessa. Ilman henkilökohtaista uskoa ja uskon kuuliaisuutta ei synny oikeita työnäkyjä, ei ole voimaa eikä taitoa tehtävän oikeaan suorittamiseen eikä työllä ole Herralle kelpaavia tuloksia. Ilman uskoa pappi on kuin väärä profeetta, joista Jumala sanoo: "Minä en ole lähettänyt noita profeettoja, mutta silti he juoksevat" (Jer 23:21). Sellainen on "meren aallon kaltainen, jota tuuli ajaa ja heittelee" (Jaak 1:6). Silloin julistuksen sisältö tulee mitä suurimmassa määrin riippuvaksi ihmisten mielipiteistä ja on altis kirjaville opinkäsityksille tai jähmettyy julistajalle rakkaisiin fraaseihin, jotka Raamattua lainaavinakaan eivät vaikuta vakuuttavil- ta. Pappi ryhtyy tällöin helposti myös jonkun näennäisesti jalon inhimillisen aatteen tai poliittisen ryhmittymän mielipiteiden ajajaksi eikä julista keskeisesti sitä, mikä on Jumalalta (Vrt. Valistuksen ajan papit). Senkaltaisille paimenille Jumalan on sanottava: "Oman sydämensä näkyjä he puhuvat" (Jer 23:16) ja: "Kuinka te pääsisitte helvetin tuomiota pakoon?"(Mt 23:33). Profeetallista uskon saarnaa ei saada aikaan huolellisimmilla inhimillisillä ponnisteluilla, paneutumisella tai valmisteluilla yksinomaan, vaan siihen tarvitaan pereh- tyneisyyttä Jumalan sanaan, rukousta ja Pyhän Hengen antamaa innoitusta.

Ihannepappi on saanut Pyhän Hengen opastajakseen ja hän yhyy Paavalin toteamukseen: "Sillä minä teen teille tiettäväksi, veljet, että minun julistamani evankeliumi ei ole imisten mukaista enkä minä olekaan sitä ihmisiltä saanut eikä sitä ole minulle opetettu, vaan Jeesus Kristus on sen minulle ilmoittanut" (Gal 1:11-12) ja: "Koska meillä on sama uskon Henki, niin mekin uskomme ja sentähden me myös puhumme" (2 Kor 4:13) ja "Minun puheeni ja saarnani ei ollut kiehtovia viisauden sanoja vaan Hengen ja voiman osoittamista" (1 Kor 2:4). Kun Herran mielen mukainen pappi on "täynnä Pyhää Henkeä" kuten Stefanus aikoinaan todistaessaan Kristuksesta (Apt.7:55-56), ei se merkitse sitä, että pappi koettaisi olla jonkinasteinen "henkipallo" ja yrittäisi puristaa itsestään jotain ylihengellisyyttä tai vaipuisi haaveellisuuteen. Päinvastoin profeetallinen puhe jykevyydessään pysyy lujasti reaalisuuden puitteissa ja on siten hyvinkin elämänläheistä. Tällainen julistaja uskoo lakkaamatta että "Jumalan sana ei tyhjänä palaja", vaikka tulokset eivät aina eivätkä heti tule näkyviksi, vaan aikanaan "saa aikaan sen, mitä varten Jumala on sen lähettänyt". Tässäkin mielessä hän opettelee "uskomaan näke- mättä". On sanomattakin selvää, että tällöin tulee aikoja ja tilanteita, jolloin ihannepappikin tuntee väsyneensä ja näkee vain puutteita itsessään järkyttyen työnsä hetkittäisestä tuloksettomuudesta. Juuri tuollaisina hetkinä pappi tarvitsee itse evankeliumin sanomaa kuullakseen, että Jeesus Kristus "Suuri Ylipaimen" on   maksanut kärsimyksillään hänenkin erehdyksensä, virheensä, lankeemuk-sensa ja puuteensa, sanalla sanoen syntinsä omalla verellään ja antaa uuden voiman pitämään "uskon salaisuus puhtaassa omassatunnossa" (1 Tim 3:8-9).

Viime vuosina (1950-1960) on maassamme käyty laajempaakin keskustelua (teol.kand. Liisa Riipan anottua turhaan pappisvihkimystä) aiheesta onko papin ehdottomasti oltava mies? On nähty naisteologeillakin olevan oikeuksia papin virkaan nimenomaan siksi, että heillä olisi tuossa virassa parempia toimintamahdollisuuksia kuin ilman sitä.

Pappisihanteesta puheenollen tulee kuitenkin heti mieleen mieshenkilö. Se johtunee perinnäisestä vallitsevasta käytännöstä, jota apostoli Paavalin lausuma ajatus hänen paimenkirjeissään tukee: "Seurakunnan kaitsijan tulee olla nuhteeton, yhden vaimon mies" (1 Tim 3:2). Paavalin neuvo ei sulje pois mahdollisuutta, etteikö nainen voisi menestyksellisesti toimia opettajana ja sielunhoitajana ns. hengellisen pappeuden puitteissa (vaikka hän olikin sitä mieltä, että "nainen vaietkoon seurakunnassa", sillä "sitä en salli, että nainen opettaa", vaan "naisen tulee kuunnella opetusta, hiljaa ja kuuliaisena" (1Tim 2:11-12)

Kun Paavali määrittelee, että "seurakunnan kaitsijan tulee olla taitava opettamaan" (1 Tim 3:2), hän tarkoittaa, että opetus on eräs olennainen puoli papin tehtävässä. Ollakseen taitava siinä papin on itse jatkuvasti kuvainnollisesti "istuttava Mestarin jalkain juuressa" eikä nojattava pelkkään inhimillisen viisauteen. Kun pappi on Pyhän Hengen koulussa, hän ammentaa kaikki pelastukseen tarvittavat "viisauden ja tiedon aarteet" Suuren Opettajan johdolla parhaasta oppikirjasta, Pyhästä Ramatusta. Neuvoessaan näin seurakunnalleen oikeaa tietä taivaaseen hän pitää kiinni niistä luovuttamattoman arvokkaista uskon totuuksista, jotka Martti Luther evankeliselle kristikunnalle jättänyt (ja vastaavasti katoliset ja varsinkin ortodoksiset papit seitsemän ensimmäisen vuosisadan aikaisten kirkolliskokousten oppilauselmista. - Kirjoittajan kommentti vuodelta 2018 erottuaan vanhoillislaestadiolaisesta herätysliikkeestä 1974, luterilaisesta pappeudesta, kirkosta 1999 ja liityttyään ortodoksisen kirkon rivijäseneksi samana vuonna).

Ihannepappi pysyy vankasti raittiissa Raamatun mukaisessa evankelisessa tunnuntuksessa eikä ole valmis laajentamaan uskonsa pohjaa lahkojen ja eriuskolaisten houkuttelemana (Vrt. Tiit 1:9). Silti hän säilyttää omasta puolestaan loppuun asti mahdollisuudet avoimeen ajatusten vaihtoon opillisessakin suhteessa harhaoppisten kera, mutta karttaa lyömästä ilman raamatullisia perusteita veljenkättä heille. Oikea "rakkaus ei iloitse vääryydestä, vaan iloitsee yhdessä totuuden kanssa" (1 Kor 13:6). Toimiessaan rippikoulun opettajana tai oppikoulujen, opistojen tms. uskonnon opettajana vastuunsa tunteva pappi tajuaa, kuinka ratkaisevasti hän ja hänen opetustyönsä saattaa vaikuttaa nuorisoon sen ollessa elämänvaiheessa, jossa etsitään kestävää perustaa elämälle.

Paitsi liturgista toimintaa, saarna- ja opetustyötä pappi joutuu seurakunnan paimenena suorittamaan varsinaista kahdenkeskistä sielunhoitoa. Toimiessaan siinä oikein hän nuhtelee kurittomia, ojentaa sävyisästi vastustelijoita, neuvoo eksyneitä, lohduttaa surevia ja kehoittaa arkamielisiä tarttumaan kiinni pelastuksen sanaan. Tässä hän joutuu yhteistyöhön kaikkien ns. hengellisen pappeuden omaavien kanssa. Siksi hän pyrkii aina johtamaan hoidettaviaan Kristuksen uskossaan elävän seurakunnan yhteyteen, mikä on heräävän uskonelämän säilymiselle elinehto. Ihannepapilta riittää aikaa jokaiselle kyselijälle ja sielunhädässä olevalle - (Tosin nykyisen voimakkaasti maallistuvan 13 väestön määrän kasvaessa ei ns. sielunhätää tunnu enää olevan enää siinä määrin kuin vielä 1960-luvulla. Kirjoittajan kommentti).

Ihannepappi noudattaa Mestarin opetuksia ja jättää ne 99 mennäkseen etsimään eksynyttä sielua (Vrt. Mt 18:12). Kun paimen löytää tuon yhden, hän iloitsee siitä yhdessä taivaan enkelten kanssa. Se on hänen työniloaan, joka innoittaa häntä jatkamaan työtään. Hän ei halveksi eikä laiminlyö ihmisten silmissä alhaisten, köyhien ja hädänalaisessa asemassa olevien henkilöiden sielunhoitoa, vaan jaksaa käydä heitä tapaamassa ja puhutella heitä omaaloitteisesti. Sen hän tekee "sopivalla ja sopimattomalla ajalla" Paavalin tavoin. - (Räikeää pappisviran hoitoa on se, että pappi pitää tiukasti kiinni paitsi laillisista lomistaan myös ns. virka-ajasta esim. klo 9-15 eikä suorita sielunhoitoa "virka-ajan" ulkopuolella! Kirjoittajan kommentti). - Ihannepappi ei katso henkilöön, sillä hän näkee jokaisessa, inhimillisesti nerokkaimmassa, mahtavimmassa tai röyhkeimmässäkin henkilössä itse asiassa avuttoman syntisen, joka tarvitsee tietämättäänkin Vapahtajaa. Tässä työssään oikea paimen tuntee kyllä inhimilliset rajoituksensa ja ottaa ne huomioon, mutta ei anna niiden masentaa itseänsä. Ammatin, iän, asuinpaikan tai elämänkatsomusten nojalla erilaisiin väestöryhmittymiin jakautuneisiin nähden hän ei katso tarpeelliseksi poikkeuksellisia työmuotojaeikä hänen pääpyrkimyksenään ole jäädä vain kuuntelemaan tai ymmärtämään ihmisiä. Hänenhän on oltava toki "maan suolana ja maailman valkeutena" eikä hänellä ole varaa vaihtaa koeteltuja aseita, "totuutta, vanhurskautta, alttiutta rauhan evankeliumille, uskon kilpeä, pelastuksen kypärää, Hengen miekkaa eli Jumalan sanaa eikä ru-kousta" (Vrt. Ef 6:11-18) tai jotakin niistä inhimilliselle mielelle mieluisampiin ja modernimpiin välineisiin. Ihannepappi on "jalo Kristuksen sotilas", joka ei tee itseään syypääksi rintamakarkuruuteen. Hän ei pyri muovaamaan "elämän sanaa" kuulijoiden mukaiseksi vaan päinvastoin. Hän ymmärtää,että paljon moitittua "Kaanaankieltä" ei ole hyljättävä, vaan sitä on suositeltava opiskeltavaksi verrattoman sanakirjan eli Raamatun avulla.

Kutsumukselleen uskollinen seurakunnan paimen pyrkii saamaan terveen oppinsa sopusointuun oman elämänsä kanssa, sillä hän saarnaa ei vain sanoin vaan myös – jopa tahtomattaan – omalla käyttäytymisellään. Siksi hä-

13

nen olisi oltava "uskovaisten esikuva puheessa, vaelluksessa, rakkaudessa, uskossa ja puhtaudessa"(1 Tim 4:12).

Näinollen pappi ei milloinkaan säästy seurakuntalaistensa saatikka ulkopuolisten arvostelulta. Vaikka arvostelua ei aina esitettäisi julkisuudessa, sitä tapahtuu salaisesti. Erityisen kirpeää arvostelu on silloin kun se kohdistuu papin vikoihin. Ihannepappi ei tosin ole "ihmisten orja" mukautuakseen erilaisten mielipiteiden mielettömien vaatimusten mukaan. Hänestä esitettyjen arvosteluiden puntarina hän pitää Raamatun sanaa. Hän on valmis korjaamaan vikojaan Raamatun kanssa sopusoinnussa olevien ja uskossaan elävän seurakunnan esittämien nuhteiden, neuvojen ja kehoitusten mukaan. Sitä hän ei tietenkään voi tehdä kevyesti, vaan jokainen nöyrtyminen parannuksen tekoon lyö alas kerta kerralta itsekkyyden, omanvoiton pyynnön, ylpeyden ja paremmuuden tunnon. Oikea paimen ei milloinkaan aseta edes salaisesti itseään seurakunnan yläpuolelle, vaan pysyy sen palvelijana. Erityisen arkaluontoinen lienee kysymys papin henkilökohtaisista, aineellisista eduista ja muita paremman virkapaikan saamisesta. Paavalin neuvojen mukaan "seurakunnan palvelijan ja kaitsijan tulee olla maltillinen, ei rahanahne, ei häpeällisen voiton pyytäjä" (1 Tim 3). Tätä ajatellen herää kysymys , mitä Suuri Ylipaimen on lausuva niistä seurakunnan paimenista, jotka taistelevat keskenään paremmista virkapaikoista vieroksuen vähävaraisia ja syrjäisiä seurakuntia, josta on seurauksena, ettei asutuskeskuksissa ole havaittavissa varsinaista pappispulaa syrjäseutuihin verrattuina. Ihannepappi on näinollen valmis oman vähäisen toimeentulonsa uhalla "palvelemaan uskollisesti hänelle uskottua laumaa". (Eri asia on tilanne, jos papilla on runsaslukuinen perhe elätettävänä yksin. Siksi katoliset kirkot vaativat tai suosittelevat papeille naimattomuutta. Tosin siitä on aikojen kuluessa seurannut mm. hyväksikäyttöä, insestiä ym. Kirjoittajan huomautus). – Olihan Paavalikin valmis luopumaan hänelle kuuluvasta elatuksesta evankeliumin tähden. Silti "Herra on säätänyt, että evankeliumin julistajan tulee saada evankeliumista elatuksensa" (1 Kor 9:14), mutta se ei oikeuta pappia kiintymään ajallisiin etuihin. (Tekstin kirjoittamisen aikoina papeilla olivat käytettävissä luontaisetuina pappilat ja maataloustulot, mutta nykyisin seurakunnat ovat myyneet lähes kaikki virka-asunnot ja pappien on täytynyt mennä vuokralle tai ostaa itselleen osakehuoneusto. Seurakuntia pyritään suurentamaan ent. läänien kokoisiksi. Jolloin virkamatkakulut kasvavat jätttimäisiksi. Liekö sellainen menettely siten edullisempaa kuin virka-asuntojen hoito? Kirjoittajan huom.) .

Pappi kieltäköön itsensä, ottakoon ristinsä ja seuratkoon Herraansa (Mt 16 16:24), sillä ei palvelija ole Herraansa suurempi. Herralleen kuuliainen paimen ei etsi itselleen ihmisten suosiota eikä toiminnalleen tukea arvossapidettyjen julkisuuden kansalaisten parista lieventämällä Jumalan sanaa. Virkatovereittensa parissa hän ei esiinny liehitellen ylempiarvoisia, ei iloitse pappistoverien vikojen esilletuomisesta eikä esittele kerskaillen omia tekojaan, vaan pitää nöyryydessä toisia parempina kuin itseään ja katsoen toistenkin parasta" (Fil 2: 3-4). - (Viime aikoina on tuotu paljon julkisuuteen ongelmia, jotka johtuvat työpaikkakiu-saamisesta sadistisuuteen saakka. Kirjoittajan huomio). On sanottu, ettei papilla ole yksityiselämää. Se on siinä mielessä totta, ettei esim. hänen perhe-elämänsä voi säästyä arvosteluilta. Siksi ihannepappi on lapsensa ja kotinsa hyvin hallitseva, säädyllinen, raitis ja vieraanvarainen" (1 Tim 3) mikäli se hänestä itsestään rippuu. Hänen kotiinsa ovat niin köyhät kuin rikkaat, arvosteut kuin halveksitut tervetulleita kertomaan huolistaan ja saamaan todellista (lähinnä hengellistä) apua.

Kaikessa työssään ihannepappi pyrkii osoittautumaan u s k o l l i s e k s i Herran huoneen haltijaksi. Hän asettaa kaikki saamansa armolahjat käyttöön ikäänkuin "leiviskät vaihetuspöydälle" että Jumalan valtakunta tulisi maan päälle. Työssään hän e i e t s i o m a a v a a n l ä h e t t ä j ä n s ä k u n n i a a. Hän on valmis k ä r s i m ä ä n v a i v a a evankeliumin tähden e i-k ä h ä p e ä virkaansa eikä t o d i s t u s t a H e r r a s t a a n (2 Tim 1:8). Hän on kaikessa hyvien tekojen e s i k u v a että vastustaja häpeäisi, kun hänellä ei ole mitään pahaa sanottavana (Tiit 2:7-8). Sentähden ihannepappi valvoo jätkuvasti itseään ja opetustaan. Hän t u n t e e v a s t u u n s a, sillä hän tietää saavansa tavallista kovemman tuomion (Jaak 3:1). Niinpä hän onkin antanut elämänsä Pyhän Hengen johdettavaksi ja k ä y e l ä m ä s-s ä ä n t o t i s t a u s k o n k i l v o i t u s t a, ettei hän, joka muille saarnaa, joutuisi itse hyljättäväksi.

Kaiken suoritettuaan hän jättää iäisyyden portilla itsensä viimeisen kerran a n s i o t t o m a n a p a l v e l i j a n a Herransa haltuun.

- - -

Professori Osmo Tiililä tarkastettuaan tekstin oli merkinnyt "oikein" - merkin sivun alareunaan. - Kirjoittaja toteaa, että vahvasti Raamattuun perustuvana pappiin kohdistuvat vaatimukset ja odotukset ovat ankaria sekä valitettavan kaukana nykyajan karusta todellisuudesta, joka edellyttää papilta taitoa, kärsivälliyyttä ja avoimuutta kohdata tasa-arvoisesti mitä erilaisimmissa olosuhteissa eläviä roomal.katolisen italialaisen TV-ihannepappi "Matteon" tapaan, johon kuului löytää Raamatusta vaikuttavat sielunhoidolliset sanat rikollisille ja kuolevillekin.

Ortodoksinen paasto

Ortodoksisen kirkkovuoden perusrytmi muodostuu arjen, paaston ja juhlan vaihtelusta. Sunnuntai eli Herran päivä on viikon ensimmäinen päivä. Ylösnousemuksen muistelu aloittaa viikon ja siksi silloin toimitetaan juhlallinen liturgia. Sunnuntai on jokaviikkoinen juhlapäivä. Keskiviikkona ja perjantaina paastotaan, koska keskiviikko on Kristuksen kavaltamisen päivä ja perjantai hänen ristiinnaulitsemisensa päivä. Näinä päivinä syödään alle päivittäisten kalorisuositusten kuten kalaa, kasviksia, kuivaa ruokaa, leipää eli selaista, mitä ei tarvitse keittää tai paistaa. - Vuodessa on neljä pidempää paastokautta kuten 40 vuorokautta kestävä Suuri paasto ennen Pääsiäistä, Apostolien paasto 1-28.6.

Neitsyt Marian (Herran Äidin) paasto 1-14.8. ja Joulupaasto 15.11.-24.12. Kirkossa käymällä pysyy kiinni kristillisessä ajassa ja sen vaihtelussa niin juhlien kuin paastojenkin osalta. Siihen opastaa myös Kirkkokalenteri, jota kirkko vuosittain julkaisee. Suositusten mukaan paastopäivät eivät saa olla peräkkäin,jotta energiavaje ei kasva liian suureksi. Dieettiä kokeillut henkilö esimerkiksi joutui jo ensimmäisenä paastopäivänä uupumuksen valtaan. Valvottuaan nälissään aamuun asti hän omien sanojensa mukaan"tyhjensi jääkaapin" heti paastottoman päivän alettua. Toinen kokeilija havaitsi sosiaalisen toimintansa muuttuneen, koska ruokavaliota varjellessaan hän koki joutuneensa työpaikalla ja kotona erilleen toisista ihmisistä. Niinpä monet sortuivat paastopäivän jälkeen ahmimiseen, mikä ei luonnollisesti ole hyvinvoinnille hyväksi. Ei siis ole tarkoitus ahmia viidesti viikossa vaan syödä normaalisti. - Yksi merkittävä ero suhteessa erilaisiin dieetteihin on kirkollisella paastolla se, ettei omaa paastoa tulisi esitellä henkilökohtaisena suorituksena (Vrt. Mt 6:16-17).

Ruokapaasto on paaston ensimmäinen vaihe. Se on eräänlainen perustaso, jonka varaan paaston syvemmät henkiset ja hengelliset tasot rakentuvat. Niukan ja yksinkertaisen ruokavalion tarkoituksena on opettaa kieltäytymään. Lihaa, herkkuja ja nautintoaineita karttava ruokavalio kouluttaa ihmistä luopumaan himoistaan. Ortodoksinen kilvoittelija tai askeettimunkki pyrkii saavuttamaan himottomuuden tiellään Jumalan kaltaisuuteen ja kertomusten mukaan jotkut ovat jopa onnistuneet siinä! - Tavoitteena on kuitenkin, että ravinnon yksinkertaisuus ohjaa paaston herkistämää ruumista ja mieltä siirtymään aineellisesta kieltäytymisestä henkisempään kieltäytymiseen eli pidättymään pahasta ja synnistä. Ruokapaasto opettaa nöyryyttä ja kasvattaa itsekuria. Ihminen oppii, että kahlitsevista sidonnaisuuksista, huonoista tottumuksista ja vääristä valinnoista (riippuvuuksista) vapautuminen on mahdollista. Se palvelee ihmisen kasvua lähemmäs Jumalaa, sillä paastoon kuuluvat säännöllinen rukous, katumukseen johtava itsetutkistelu, sielua ja mieltä ruokkivan kirjallisuudenlukeminen, jumalanpalveluksiinosallistuminen, synnin tunnustuksella ja katumuksen sakramentilla, Ehtoollisella (Eukaristialla) käyminen sekä lähimmäisrakkauden teot. Minkä ruokakuluissa säästää, sen voi antaa hyväntekeväisyyteen tekemättä kuitenkaan siitä ansiota itselleen, sillä "älköön vasen kätesi tietäkö mitä 17 oikea tekee" (Mt 6:3.). Paastoruoan voi hyvällä syyllä sanoa edustavan paratiisin ruokavaliota, sillä paastopäivinä jätetään pois eläinkunnan tuotteet. Luomiskertomuksen mukaan ihminen oli alunperin hedelmien (ja kasvien) syöjä. Vasta vedenpaisumuksen jälkeen Jumala salli lihansyönnin. Monissa luostareissa veljet ja sisaret ovat täysin kasvissyöjiä (Vrt. Johannes Kastajan ravinto: Heinäsirkat ja metsänhunaja, Mt 3:4). Kalaa syödään myös meillä paastoruokana, vaikka se ei sitä yleisortodoksisen käytännön mukaan ole. Pysyvää kasvisruokavaliota voi pitää ortodoksille sopivana eettisenä valintana, sillä lihantuotanto kuormittaa maapalloa hiiilipäästöillä melkoisesti. Kestävä ja luomakunnan tasapainoa edistävä ruokavalio on kasvisruokapainotteinen ajatellen jo pelkästään terveydellisesti ylilihavuuden haittavaikutuksia. - Varottakoon kuitenkin tässä suhteessa kaikkea äärimmäisyyttä kuten pelkkien kasvisitujen ja saastuneen kotinurmikon kokoamista ruokalautaselle kuten jotkut adventistit tekevät! - Ilmastoon liittyvät erot selittävät jo osaltaan paastoperinteemme paikallisia muunnelmia: Kylmässä Pohjolassa pitkistä paastoviikoista tulisi hyvin ankaria, jos tuolloin ei syötäisi lainkaan lämmintä ruokaa. - Viini ja alkoholi eivät kuulu paastoruokaan, vaikka ortodoksisella kirkolla ei ole voimakasta absolutismiin kannustavaa kantaa, sillä kuuluuhan viini normaaliin ruokavalioon Välimeren maissa, joissa sijaitsevat kirkon historiallisesti vanhimmat alueet. Yksinkertainen ruoka on parasta paastoruokaa. Vaikka kirkolla onkin yleiset paastoon liittyvät ohjeensa, on ruokapaastossa huomioitava yksilölliset tilanteet ja tarpeet aivan kuten hengellisessä elämässä muutenkin. Paastosäännöt eivät velvoita erityistianteessa eläviä kuten sairaita, heikkokuntoisia vanhuksia, pikkulapsia, matkustavia, raskaana olevia ja sotapalvelusta suorittavia. On hyvä muistaa munkkilaisuuden isäksi kutsutun Antonius Suuren periaate, että raskasta työtä tekevän on saatava enemmän ravintoa kuin kevyempää työtä tekevän. Paaston tarkoitus ei ole näännyttää ihmistä fyysisesti vaan vahvistaa häntä kokonaisvaltaisesti.

Paaston ei ole tarkoitus olla ilotonta aikaa vaan välttää turhanpäiväistä ja riehakasta, teennäistä "iloittelua". Jakaminen, osallisuus ja yhteys toisten ihmisten kanssa kuuluu myös paastoon. Kirkko muistuttaankin, että vieraanvaraisuutta tulee osoittaa myös paastossa. Vieraalle voi kuitenkin olla vaivaannuttavaa, jos hän haluaa noudattaa paastoa, mutta pöytään kannetaankin suurimmat herkut. On kohteliasta tarjota vieraalle mahdollisuus paaston pitämiseen silloinkin, kun isäntä ei itse siihen pystyisi (Vrt. Rm 14:1- ja 1 Kor 8:8-9: "Ettei loukattaisi syömisellä veljeä"). Paasto rakentuu hengelliselle ymmärrykselle ja palvelee viime kädessä ihmisen kutsua saavuttaa "Jumalan kaltaisuus" mikä on kaiken ortodoksisen uskonkilvoituksen päämäärä "Jumalan armovoiman avulla". Paaston tulisi vapauttaa eikä kahlita, sillä ihminen on enemmän kuin ruoka tai vaatteet. Kokonaisvaltainen hyvinvointi pitää sananmukaisesti sisällään koko ihmisen: Mielen, sielun, ruumiin, suhteen omaan itseensä,lähimmäisiin ja Jumalaan.

Kirjallisuutta: Serafim Seppälä: Tie ylösnousemukseen, Kirjapaja, H:ki 2006, "Mitä on kristillinen paasto", ss. 11-56.

Hehkuva hiillos, Pekka Metso, "Paasto, kirkon ikiaikainen dieetti", 2014, ss. 25-32.

- - -

Efraim Syyrialaisen paastorukous

luetaan vähintään kaksi kertaa jokaisen paastopalveluksen lopussa maanantaista perjantaihin:

"Herra, elämäni Valtias! Estä minusta laiskuuden, velttouden ja turhanpuhumisen henki".

(Kumarrus maahan) -

"Anna minulle, sinun palvelijallesi, sielun puhtauden, nöyryyden, kärsivällisyyden ja rakkauden henki"

(Kumarrus maahan) -

"Oi Kuningas ja Herra! Anna minun nähdä rikokseni ja anna, etten veljeäni tuomitsisi, sillä siunattu olet Sinä iankaikkisesti. Amen".

(Kumarrus maahan).

Suositellaan myös kotihartaudessa luettavaksi paastoaikoina Rukouskirjan sivuilta 34-36 Pyhän Johannes Krysostomoksen Rukoushuokaukset vuorokauden 24:n tunnin mukaan.

Miksi näin? Siksi, että rukoukset luettelevat ainutlaatuisella tavalla katumuksen kaikki kielteiset ja myönteiset sisällöt. Ne ovat "muistilista" omaa paastokilvoitusta varten. Tämän kilvoituksen tarkoituksena on vapauttaa meidät muutamista hengellisistä perussairauksistamme, jotka tekevät mahdottomaksi sen, että aloittaisimme Jumalan puoleen kääntymisemme.

Perussairaus on **laiskuus,** joka jatkuvasti saa meidät varmoiksi siitä, ettei mikään muutos meissä ole mahdollinen eikä edes toivottavakaan. Se tekee meidän elämästämme suunnattoman hengellisen hylyn. Se on kaiken synnin juuri, koska se myrkyttää ja lamaannuttaa hengellisen tahtoelämämme. Sen seuraus on **velttous,** joka on eräänlainen masennuksen tila, jota kaikki hengelliset isät ovat pitäneet suurimpana vaarana sielulle, koska siinä on mahdotonta nähdä mitään hyvää tai myönteistä (positiivista). Se on demooninen voima, koska paha henki on valehtelija (Valheen isä). Se täyttää elämän pimeydellä ja kielteisyydellä. Masennus on sielun itsemurha. (Voidaan kysyä, onko ortodoksisen uskon mukaista yrittää torjua fyysistä masennusta pelkästään psyyken lääkkeillä tai voitaisiinko erotella biologinen masennus ja sen lääkitseminen hengellisestä masennuksesta sielunlääkkeineen?). Laiskuus ja masennus täyttävät elämämme **vallanhimolla.** Joka johtaa itsekkyyteen ja itsekeskeisyyteen, joka turmelee suhteeni koko elämääni, muihin olentoihin ja ihmisiin tekemällä elämän tarkoituksettomaksi ja tyhjäksi. Vallanhimo voi tulla esiin välinpitämättömyytenä, ylenkatseena (ylpeytenä), kiinnostuksen, huomaavaisuuden ja kunnioituksen puutteena.

Lopuksi – **turhanpuhuminen:** Vain ihmiselle on luotu puhumisen lahja. Pyhät isät näkevät siinä ihmisyyden sinetin Jumalan kukuvana olemisesta, koska *"Jumala on Sana"* (Joh 1:1). Sana pelastaa ja sana tappaa, sana innoittaa ja sana myrkyttää. Sana on totuuden tai valheen välikappale silloin, kun se on demooninen negatiivisuuden ilmaus. Kun sanalla on jumalallinen alkuperä, sillä on positiivisuuden suunnaton voima, koska sillä on kaikki luotu! Jos se sensijaan poikkeaa jumalallisesta alkuperästään ja tarkoituksestaan, siitä tulee *"turha, josta jokaisen on tehtävä tili Jumalalle "*! (Mt12:36-37). Loukkaavilla, ivallisilla ja pilkkaavilla sanoilla voidaan ajan mittaan surmata lähimmäinen henkisesti ja hengellisesti. *"Kieli on hillitön ja paha, täynnä tappavaa myrkkyä. Kielellä me ylistämme Herraa ja Isää, ja sillä me myös kiroamme ihmisiä, Jumalan kuvaksi luotuja. Tämä ei käy, veljeni!"* (Jaak 3:8-10). Jeesus sanoo: *"Ihmisen sydämestä lähtevät pahat ajatukset ja niiden mukana siveettömyys,varkaudet, murhat, aviorikokset, ahneus, häijyys, vilppi, irstaus, pahansuopuus, herjaus, ylpeys ja uhmamieli"* (Mk 7; 21-22) ja Paavali lisää: *"Halpamaisuus, kateus, riitaisuus, petollisuus, röyhkeys, rehentelevyys, tottelemattomuus,epäluotettavuus, rakkaudettomuus ja säälimättömyys"* (Rm 1; 29-31). Kuka siis voisi uskotella itselleen ja toisille, ettei ole koskaan tehnyt syntiä tai vääryyttä kielellään tai edes ajatuksissaankaan? Olisikohan meillä jokaisella syytä tänäkin katumuksen ja paaston aikana mennä itseemme ja osallistua katumuksen sakramenttiin ja tunnustaa syyllisyytemme kaikkiin "seitsemäänkin kuolemansyntiin"- ahneuteen, itsekkyyteen, himokkuuteen, ylpeyteen, valheellisuuteen ja vihaan"? Tunnustammehan yhteisesti jokaisen Eukaristian edellä "olevamme syntisistä ensimmäisiä" - siitäkin huolimatta, että nykyihminen pitää syntikäsitettä aikansa eläneenä eikä tajua, että "synti on sydämen luopumista Jumalasta" ja *"kaikki mikä ei perustu uskoon, on syntiä"* (Rm 14; 23). - Niinpä paastorukouksen alkuosana on huuto inhimillisen avuttomuuden pohjasta.

Rukouksen jälkiosa siirtyy neljään katumuksen myönteiseen tavoitteeseen: **Sielun puhtauteen, nöyryyteen, kärsivällisyyteen ja rakkauteen.** Kristus palauttaa meihin sielun eheyden ja mieliimme arvojen oikean järjestyksen johtamalla meidät sielumme ja henkemme saastaisuudesta takaisin Jumalan yhteyteen.- Sielun puhtauden hedelmä on n ö y r y y s . Se on totuuden voittoa meissä. *"Jumala antaa armon nöyrille, mutta on ylpeitä vastaan".* - Niinpä entiset pyhät ja kilvoittelijat ovat ilmaisseet kirjoituksissaan asian seuraavasti: Kun ensimmäinen ihmispari, Aadam ja Eeva, karkotettiin paratiisista ylpeydestä seuranneen tottelemattomuuden vuoksi, olisikohan mahdollista, että nöyryyden avulla sinne pääsisi takaisin?".

Puhtautta ja nöyryyttä seuraa k ä r s i v ä l l i s y y s, "koska Jumala on kärsivällinen, pitkämielinen ja tahtoo, että kaikki ihmiset pelastuisivat ja tulisivat tuntemaan totuuden" (Vrt. Rm 3;25 ja Hes 18;23)). Luonnollinen ihminen on kärsimätön ja välinpitämätön kaikelle muulle paitsi itselleen ja haluaa, että elämä olisi menestyksellinen ja hän saisi kaiken haluamansa "tässä ja nyt heti". Mitä lähemmäksi Jumalaa me pääsemme sitä kärsivällisemmiksi tulemme. - Kaiken paastokilvoittelun päämäärä ja tavoite on r a k ka u s, joka on kuitenkin "Hengen hedelmä" eli Jumalan suuri lahja ja jonka Jumala yksin voi antaa. Sitä seuraavat"ilo, rauha, kärsivällisyys, ystävällisyys, hyvyys, uskollisuus,lempeys ja itsehillintä" (Gal 5; 22).

Viimeisimpänä on enää vain yksi vaara: **Ylpeys!** Se on kaiken pahan lähde kuten oli jo syntiinlankeemuksessa. Kaikki paha onkin ylpeyttä. Vieläpä oman syntisyyden näkeminen voi kääntyä ylpeydeksi, jos se muuttuu itsetyytyväisyydeksi ja omavanhurskaudeksi. Jos kuitenkin sielun puhtaus, nöyryys, kärsivällisyys ja rakkaus ovat edistyneet meissä, silloin ja vain silloin meissä tuhoutuu viimeinen vihollinen – ylpeys, ja näemme omat rikoksemme e m m e k ä t u o m i t s e v e l j e ä m m e (tai sisartamme).

Maahan kumartumisessa koko ihminen, sielu, henki ja ruumis, katuu. Ruumis (keho) osallistuu sielun rukoukseen kuten sielu rukoilee ruumiin kautta ja ruumiissa. - - -

Ortodoksisen maailmankatsomuksen mukaan koti ja perhe on ensimmäinen ja tärkein kristillisen elämän alue, jossa kristilliset periaatteet toteutetaan jokapäiväisessä elämässä ja myös paastokilvoituksessa: Joukkotiedotusvälineet tunkevat nykyään koko elämän läpi. Nykymusiikista on tullut taustamelu keskustelulle, lukemiselle kirjoittamiselle jne. Nykyihminen vain harvoin kykenee nauttimaan hiljaisuudcesta. Tunnen perheitä, joissa esim. televisio avataan heti aikaisin aamulla ja pidetään se päällä aamuyöhön saakka eikä mielellään suljeta yllätysvieraiden saapuessa käymään. Niinpä ensimmäisenä paastonajan toimenpiteenä ehdotetaan TV:n, videopelien, internetin ja radion käytön jyrkkää vähentämistä. Olisi pantava sulku liiallisille ja tarpeettomille mieltymyksille ettei ihmisestä tulisi tämän päivän termiä käyttääkseni velttoa ja epäterveellisen yliravittua "sohvaperunaa", joka on "liimaantunut" kuvaruutuun omaksuen passiivisesti kaiken sieltä tulevan. - Kuitenkin tässä kuten pastoamisessakin jonkin asian pelkkä poissaolo tai pidättyvyys aiheuttaa henkisen tyhjiön,

jolla olisi oltava positiivinen vastavaikutuksensa. Niinpä kirkko haluaa rikastut--taa paaston aikana meidän hengellistä ja älyllistä maailmaamme kehoittamalla lukemaan henkisesti ja hengellisesti rakentavaa kirjallisuutta, kuuntelemaan ja katselemaan tiedollisesti kehittäviä ohjelmia sekä harjoittamaan raitista ja terveellistä elämäntapaa.

Valitettavasti neljänkymmenen vuorokauden pituiset Joulu- ja Suuri paasto ovat usein käsitetty kielteisiksi ja kohtuuttoman askeetisiksi ajoiksi, joiden jälkeen puhjetaan hillittömiin ruokailutottumuksiin yöllisissä juhlissa, joista aiheutuu vaikeuksia totuttautua arkisiin ravintoköyhempiin olosuhteisiin. - Kohtuullisuus on ollut jo antiikin ajoista sivistyneisyydenkin arvostettu hyve.

Paastonajan puolivälissä olemme viettäneet **Ristinkumartamisen sunnuntaita**. Se muistuttaa meille, että katumuksessa tunnustetut synnin vallat voitetaan ja saadaan anteeksi yksinomaan Jumalan ja Vapahtajamme a r m o-v o i m a n avulla. Se vakuuttaa meille, että vain Kristuksen ristinkärsimysten kautta meillä on pääsy synneistämme Jumalan yhteyteen, syyllisyyden ja pahan omantunnon vaivoista vapauteen, iloon ja rauhaan. Siksi me kumarramme ristiä ja suutelemme sitä koko tuon sunnuntain jälkeisen viikon rukouksissamme. - "Kumarramme Herran suunnattomalle rakkaudenpalvelukselle ja rukoilemme, että meissä itsessämme olisi edes hitunen tuota jumalallista uhrautuvuutta ja palvelevaa rakkautta" (Piispa Aleksi: Usko, elämän voima,s.82).

Siksi myös kannamme kasteristiä rinnassamme ja teemme ristinmerkin rukoillessamme yksin ja yhdessä.

"Uskon yhteen Herraan Jeesukseen Kristukseen, ... joka meidän pelas-

tuksemme tähden ristiinnaulittiin meidän puolestamme Pontius Pilatuksen aikana, kärsi ja haudattiin ...". Meistä ei ollut synteimme sovittajiksi, sillä *"ilman uhriverta ei ole anteeksiantoa"* (Hepr 8:22) ja *"Puhe rististä on hullutusta niille, jotka kadotukseen joutuvat, mutta meille, jotka pelastumme, se on Jumalan voima"* (1 Kor 1:18). -

Armovoimaa kaikille paastokilvoittelijoille!

- - -

Efraim Syyrialainen (306-373 j.Kr., s. Nisibis, nyk.Turkki, kuoli Edessassa).

Nisibis sijaitsi silloisen Rooman valtakunnan alueella Assyyrian (Persian) rajalla.

Efraim laati kristillisiä katumuskehoituksia ja paratiisihymnejä ja kirjoitti mm. raamatullisia kommentaareja Syyrian ortodoksiselle kirkolle kokoelmaan "Diatessaron". Lisäksi hän kirjoitti pyhien henkilöiden elämäkertoja syyrian, armenian, koptin, georgian ja Kreikan Koinee-kielellä.

- - -

Palmusunnuntaina 2014 ja 2016

Vaikka 82% suomalaisista käy luterilaisen rippikoulun, suuri enemmistö kansasta tehtyjen kyselyiden mukaan kuitenkin "uskoo toisin kuin mitä kirkko opettaa". Korostettu yksilön- ja uskonnonvapaus antavat oikeuden ajatella ja uskoa siten kuin jokaiselle on mieluisinta. Jotkut ajattelevat, että "nyt metsä kirkkoni olla saa" kuten Paimenpojan sunnuntai-runossa. He uskovat löytävänsä luonnosta jumalansa muinaissuomalaisten tavoin. Tiedusteltaessa elämän kalleinpia arvoja suurin osa pitää terveyttä sellaisena, toiset turvattua elintasoa, rahaa, omaisuutta, onnellisuutta tai nautintoja, vaikka ne katoavat ajallaan ja jättävät mielen tyhjäksi.

Kyseltäessä suhdetta Raamattuun monet pitävät sen ajatuksia äikansa eläneinä tai liian ristiriitaisina, vaikka "taivas ja maa katoavat, mutta minun sanani eivät koskaan katoa sanoo Herra". Kuolema ja katoavaisuus halutaan sulkea pois ajatusmaailmasta, vaikka ne joudutaan kohtaamaan yhä uudelleen. Suhde Jeesus Nasaretilaiseen näyttää monelle muodostuneen "kompastuskiveksi ja loukkaukseksi". On helpompaa pitää Häntä Suurena Opettajana ja profeettana juutalaisten ja muhamettilaisten tavoin kuin ainoana pelastajana synnin ja kuoleman valloista. Moni sanoo tai ajattelee: "Kyllähän minä kailken muun uskon ja käsitän, mutta en jaksa ymmärtää enkä hyväksyä hänen yliluonnollista syntymistään, ihmetekojaan enkä sitä, miksi Jeesuksen piti kärsiä syyttömänänä enkä pysty hyväksymään hänen ylösnousemustaan haudasta ja taivaaseen nousemistaan".

Raamattu vastaa kaikkeen tähän: "Ihminen ei luonnostaan ota vastaan Jumalan Hengen puhetta, sillä se on hänen mielestään hulluutta. Hän ei pysy tajuamaan sitä, koska sitä on tutkittava Hengen avulla" (Rm 2.14). Jeesuksen opetuslapsetkaan eivät pitkiin aikoihin tahtoneet hyväksyä eikä ymmärtää sitä, miksi Jeesuksen piti kärsiä ja kuolla. Hehän iloitsivat ja ihmettelivät hänen tekemiään ihmetekoja: Hänen ennenkuulumatonta opetustaan, sairaiden parantamisiaan, nälkäisten ihmeellistä ruokkimistaan, kuolleiden herättämistään ja syntien anteeksiantamistaan. Ihmiset olivat riemuissaan ja uskoivat, että kauan odotettu ja kaivattu Messias oli saapunut ja tulee vapauttamaan heidät pakanallisten roomalaisten vallasta. Kenekään ei tarvitsisi enää kärsiä nälkää, ei sairastaa, ei kuolla eikä pelätä mitään pahaa. Siksi he halusivat kruunata hänet kuninkaakseen hänen ratsastaessaan Jerusalemiin aasilla. He osoittivat hänelle kunnioitustaan levittämällä hänen eteensä vaatteitaan ja palmunoksia. Lapsetkin lauloivat "Hoosianna Daavidin pojalle" temppelin pihalle saakka. Aikuiset käskivät Jeesuksen seuraajia hillitsemään heitä, mutta Jeesus vastasi: "Jos he vaikenevat, niin (temppelin) kivetkin huutavat" (Lk 19:39-40).

Jeesus oli kuitenkin selvittänyt itselleen, millainen hänen valtansa ja kuninkuutensa tuli olemaan. Se tapahtui jo hänen jouduttuaan erämaassa paastoamaan 40 vuorokautta (Lk 4:1-13).Hän ei suostunut "leipäkuninkaaksi" eli maalliseksi valtiaaksi kuten hän kuulustelijoilleen Herodekselle ja Pilatukselle osoitti: "Minun kuninkuuteni ei ole tästä maailmasta" (Jh 18:36). Kieltäytyminen paholaisen houkutuksista tässä asiassa ja suostuminen Taivaallisen Isän epäitsekkääseen asemaan kärsivänä Mestarina ei ollut Jeesuksen inhimilliselle luonnolle mitenkään helppoa, sillä hänen rukouksensa "vehnänjyvän kuolemisen" tiellä oli äärimmäisen ahdistunutta: "Nyt olen järkyttynyt. Mitä sanoisin? Isä, pelasta minut tästä hetkestä! Ei! Juuri tähän on elämäni tähdännyt. Isä, kirkasta nimesi! Silloin kuului taivaasta ääni: Minä olen sen kirkastanut ja kirkastan jälleen" (Jh 12:27-28). Se oli jo toteutunut Jeesuksen ollessa kirkastusvuorella (Mt 17:1-9). Jeesuksen kokema ahdistus huipentui lopulta Getsemanessa "Isä, jos tahdot, niin ota tämä malja minulta pois. Mutta älköön toteutuko minun tahtoni vaan Sinun". " Suuressa tuskassaan Jeesus rukoili yhä kiihkeämmin niin, että hänen hikensä vuoti maahan veripisaroiden kera" (Lk 22:42-44) ja Golgatalla: "Jumalani, Jumalani, miksi minut hylkäsit?" (Mt 27:46). Kaiken tämän Jeesus tiesi jo etukäteen: "Jeesus alkoi puhua opetuslapsilleen, että hänen oli mentävä Jerusalemiin ja kärsittävä paljon kansan vanhimpien, ylipappien ja lainopettajien käsissä. Hänet surmattaisiin, mutta kolmantena päivänä hän nousisi kuolleista. Pietari veti hänet erilleen ja alkoi nuhdella häntä: Jumala varjelkoon! Sitä ei saa tapahtua sinulle, Herra!" . Mutta hän kääntyi pois ja sanoi Pietarille: Väisty tieltäni, Saatana! Sinä tahdot saada minut lankeamaan.

Sinun ajatuksesi eivät ole Jumalasta vaan ihmisestä!" (Mt 16:21-23). Juuri tätä ennen Pietari oli tunnustanut rohkeasti: "Sinä olet Messias, elävän Jumalan poika" (Mt 16:16). Silloiset messiaaniset odotukset olivat kuitenkin vain ajalliseen elämään kohdistuneita onnen ja hyvinvoinnin toiveita. Jeesus tiesi tarkalleen, kuinka häntä kohdeltaisiin Jerusalemissa Pääsiäisen eli Passah-juhlan edellä: "Pakanat pilkkaavat ja sylkevät ja ruoskivat häntä ja tappavat hänet. Mutta kolmen päivän kuluttua hän nousee kuolleista" (Mk 10:33-34). Vielä Jeesuksen ylösnousemuksen jälkeenkään opetuslapset eivät tajunneet, miksi Jeesuksen täytyi kärsiä ja kuolla, sillä enkelin piti muistuttaa Jeesuksen haudalle saapuneille naisille: "Muistakaa, mitä hän sanoi teille ollessaan vielä Galileassa: `Näin täytyy käydä: Ihmisen Poika (Dan 7:13) annetaan syntisten ihmisten käsiin ja ristiinnaulitaan, mutta kolmantena päivänä hän nousee kuolleista`. Vasta silloin he muistivat, mitä Jeesus oli puhunut" (Lk 24:6-8). "Minä olen rakastanut teitä. Suurempaa rakkautta ei kukaan voi osoittaa, kuin että antaa henkensä ystäviensä puolesta" (Jh 15:12-13). Jeesus ilmestyi Emmauksen tiellä kahdelle opetuslapselleen, jotka valittivat hänelle, jota eivät tunnistaneet: "Me olimme eläneet siinä toivossa, että hän (Jeesus) olisi se, joka lunastaa Israelin. Silloin Jeesus sanoi heille: `Juuri näinhän Messiaan piti kärsiä ja sitten mennä kirkkauteensa`. Ja hän selitti heille Mooseksesta ja kaikista profeetoista alkaen, mitä hänestä oli kaikissa kirjoituksissa sanottu" (Lk 24:13-27). Vanhan Testamentin kirjoituksista kaikkein yksityiskohtaisin ennustus Jeesuksen kärsimyksistä on Jes 53, joka on peräisin ajalta n. 530 e.Kr. Ja jonka apostoli Filippos selitti Etiopian kuningattaren hoviherralle Gazaan johtavalla tiellä (Apt 8:26-35).

Jeesus oli lähtenyt Betaniasta Martan ja Marian kodista tultuan voidelluksi kallisarvoisella Nardus-voiteella hautaamistaan varten ja herätettyään Lasaruksen kuolleista. Sen muistoksi ortodoksinen kirkko viettää ns. Lasaruksen lauantaita, jolloin tämän artikkelin kirjoittaja vuonna 1999 liitettiin juhlallisesti Mikkelin Ortodoksiseen seurakuntaan.

Jeesus aloitti ns. Suuren Viikon (Kärsimys- eli Piinaviikon, esp. "Santa Semanan") ratsastamalla aasilla Jerusallemiin. Tapahtuma kuuluu ajallisesti juuri tähän tilanteseen eikä esim. joulukuun alkuun ns. Adventtina kuten luterilaisuudessa esitetään.

Eikö Jumalalla ollut muuta mahdollisuutta ihmiskunnan pelastamiseksi ja sen syntien sovittamiseksi kuin antaa ainoan Poikansa kärsiä kiduttavan kuoleman? Itsestään selvää on, että jokaisen ihmisen on kärsittävä omien rikkomustensa seurauksena ennemmin tai myöhemmin. On kuitenkin tilanteita, joissa toisen on kärsitävä ja jopa kuoltava toisen tai toisten puolesta. Luulisi tämän olevan meille suomalaisillekin selvää koettuamme mm. talvi- ja jatko-. sodan. Keskitysleireillä toisen maailmansodan aikana jotkut uhrautuivat kuolemaan toisen puolesta. Sijaiskärsimys ja -kuolema ovat näinollen mahdollisia. Näin tapahtui jo primitiivisellä ajalla, kun ihmisten pahat teot sälytettiin kirjaimellisesti "syntipukin" kannettaviksi ja pukki ajettiin erämaahan kuolemaan.

Usein kuulee väitettävän, ettei sanoja "ole koskaan kenellekään mitään pahaa tehnyt, ei tappanut eikä varastanut. Enköhän siis kelpaa taivaaseen tällaisenakin?". Raamattu kuitenkin todistaa, ettei "ole ketään, joka tekee hyvää, ei ainoatakaan" (Ps 14:1-3, 53:2-34 ja Rm 3:10-12). Pelkkä vihastuminen riittää jo Jumalan edessä vastaamaan murhaa (Mt 5 :21-22). "Joka rikkoo lain yhdessä kohdassa, on syypää koko lain rikkomiseen" (Jaak 2:10). Ihmisen syyllisyys on universaalista. Koska syntien sovittajaksi syyllisyyden vuoksi ei kelvannut yksikään ihminen ja koska synnit on tehty ihmisten elämässä, sovittajan on oltava synnitön ihminen. Sellaiseksi kelpasi vain Jeesus, Jumalan Poika.

Israelin Jumala oli Mooseksen välityksellä määrännyt ihmisten syntien sovittamiseksi uhrattaviksi polttouhreina kyyhkysiä, lampaita, vuohia, vasikoita ja härkiä syntien suuruuden ja uhrieläinten omistajien varallisuuden mukaan, sillä "anteeksianto ei ole mahdollista ilman uhriverta". Ylipapin oli lisäksi suoritettava vuosittain syntiuhri itsensä ja koko kansan puolesta. Yhä uudelleen toistuvat uhrimenot eivät riittäneet poistamaan syyllisyyttä, "sillä mahdotontahan on, että härkien ja pukkien veri poistaisi synnit. Polttouhri ja syntiuhrit eivät sinua (Jumala) miellyttäneet, sillä meidät on pyhitetty ainutkertaisella uhrilla, kun Jeesus Kristus uhrasi oman ruumiinsa" synnittömänä. Puhtaana ja viattomana "Jumalan Karitsana". "Missä synnit on anteeksi annettu, siellä ei enää tarvita syntiuhria" (Hepr 9-10:1-18, Ps 50:13, Aam 5:22. Miika 6:6-7 ja Jh 1:29).

Israelin historia vahvisti Uuden Liiton alkaneen, kun roomalaiset hävittivät Jerusalemin ja sen temppelin v. 70 j.Kr, jolloin myös temppelissä toimitettavat eläinuhrit päättyivät lopullisesti. Edellytykset universaalin Jeesuksen uhrikuolemaan ja ylösnousemukseen pohjautuvan sovintosaarnan julistamiseen alkoivat seuraavien vuosisatojen aikana täyttyä. Palmusunnuntaista alkanut Jeesus Nasaretilaisen kärsimystie, joka päättyi ylösnousemukseen ja taivaaseen astumiseen, muodosti sen "kallion", jolle Kristus rakensi voittamattoman uskoon perustuvan seurakuntansa sen vainoista ja marttyyrikuolemista huolimatta. (Mt 16:18).

- - -

Muistio

Jos henkilöä kiinnostaa ortodoksisuus, tarjolla on runsaasti kirjallisuutta suomenkielelläkin pyhien isien teksteistä lähtien kirkon alkuajoista. Kirkko määritteli oppinsa Raamatun, kirkkoisien ja tradition perusteella seitsemän ensimmäisen vuosisadan kuluessa Efeson kirkolliskokouksen julkilausumiin. Yhteiskirkosta erosi 1052 roomalaiskatolinen ja 1520- luvulla protestanttiset kirkot mm. luterilaisuus.

Suositellaan myös tutustumista ortodoksisiin liturgioihin, jotka ovat avoimia kaikille. Ehtoolliseen eli Eukaristiaan voivat osallistua vain ortodoksisen kirkon jäsenet. Suositellaan myös tutustumista – mikäli mahdollista – Uuden Valamon luostariin Heinävedellä. Jos asia kiinnostaa enemmän, kaikki ovat tervertulleita myös ortodoksia-kerhoihin, mikäli sellaisia on tarjolla.

Jos haluaa liittyä orodoksiseen seurakuntaan, se ei onnistu pelkän tietokoneen välityksellä, vaan tulee ottaa yhteys paikallisen ortodoksisen seurakunnan papistoon ja sopia kirkkoon liittämisestä, mikäli henkilö on saanut kristillisen kasteen. Muussa tapauksessa liittäminen edellyttää kasteopetuksen saamista ennen kastetta ja voitelun sakramenttia uskontunnustuksineen paikallisessa ortodoksisessa kirkossa.

Rohkeutta ja siunausta asiaan!
Tervetuloa samalla myös apostolisen Äitikirkon jäseneksi!
Mikkelissä Neitseen Marian ilmestyspäivänä 25.3.2019

Juhani

Ortodoksikirkon käsitys avioliitosta

ei perustu sukupuolineutraaliuteen (siihen vihkiminen on sakramentti), vaan käsitykseen elämän jatkamisesta miehelle ja naiselle annettuna mahdollisuutena ja velvollisuutena. Ortodoksinen vihkitoimitus on sisällöltään miehen ja naisen välisen liiton kruunaaminen.

Laillinen ja kristillinen avioliitto ovat ortodoksisesta näkökulmasta kaksi eri asiaa (eikä ole tasa-arvokysymys). Kirkollinen avioliitto on heteroseksuaalinen, elinikäistä uskollisuutta ja toinen toisesta huolenpitoa korostava.

Kirkon opin ja kanonien tulkinnassa Suomen ortodoksinen kirkko on osa ortodoksista maailmaa, joka on ilmaissut julkilausumassaan 9.3.2014 "aidon huolen siitä kehityksestä, mikä väheksyy ja rapauttaa uskonnollisen perinteen, ihmisarvon, avioliiton ja ympäristön kunnioittamisen periaatteita".

Avioliitto ei ole siviilitoimitus, jonka kirkko virkansa puolesta siunaa tai sopimus, jonka sitoumukset voidaan purkaa. Kirkko tulee jatkossakin tarjoamaan kirkollisen vihkimisen sitä haluaville heteropareille.

Karjalan ja koko Suomen arkkipiispa Leo

Historiikki

Kuka on Juhani Rantakylä, kun on vähemmän tunnistettu ortodoksisissa piireissä? Hänen virkauransa käy selville Papiston Matrikkelista vuosilta 1963-2010. Hän syntyi Sortavalassa 24.6.1932 Viipurinkatu 5-7 kerrostalossa. Vanhemmat ovat Laatokan lennoston vänrikki Vertti Savolainen ja hammaslääkäri Ilta ("Ila") Savolainen, os. Somppi. Juhanin isä oli Kadettikoulun jälkeen saanut koulutuksen lentäjäksi Kauhavan Lentosotakoulussa. Ilta Ioli valmistuttuaan hammaslääketieteellisestä tiedekunnasta saanut ensimmäisen työpaikan Vaasan kaupungista ja tutustunut vänrikki Savolaiseen Lentosotakoulun upseerikerholla. He solmivat avioliiton 1930 Kauhavalla, josta Vertti sai siirtomääräyksen Kasinhännän lentoasemalle Sortavalaan. Klaus Juhanin synnyttyä he siirtyivät Sortavalan kaupunkiin, jossa Juhani kasvoi 4-vuotiaaksi ja josta hänellä ovat vain hämärät muistikuvat perhealbumin sävytttäminä. Iltan hammaslääkärituolissa kävivät mm.monet sikäläiset ortodoksit, joiden uskontoon Ilta tutustui siinä määrin, että osti itselleen riisalla ympäröidyn Jumalanäidin ikonin. Se seurasi perhettä kaikilla muuttomatkoilla Sortavalasta Kauhavalle kesäkuussa 1936 ja Kauhavalta Mikkelin maalaiskunnan Rantakylään 5.3.1945. Uskon, että ikonin kuvaaman Jumalanäidin vosituhantiset esirukoukset vaikuttivat ja vaikuttavat perheemme vaarallisissakin elämänvaiheissa. Isä-Vertti nimittäin kertoi ihmevarjeluksestaan talvisodan ilmataisteluissa mm.siitä, kuinka hänet oli jo asemapaikallaan ilmoitettu alasammutuksi, mutta kuinka hän taistelutovereiden kummastukseksi laskeutui turvallisesti asemapaikan jäälle hävittäjälentokoneellaan. Vihollisen luodit olivat vahingoittaneet koneen ohjausta, kone oli jyrkässä syöksyssä maata kohti, mutta ohjaaja oli viimeisillä voimillaan saanut ohjaus-sauvan toimimaan ja syöksy oikeni viime sekunnilla puiden latvaoksia hipoen. - Juhani oli äitinsä kanssa rukoillut hartaasti isä-Vertille varjelusta rintamalla. Ilta-äidille ei hengellisyys ollut täysin vierasta, sillä hän oli käynyt koulunsa herännäishenkisessä oppilaitoksessa Lapualla. Isä-Vertti oli kertonut omasta lapsuudestaan, että hänen äitinsä oli kotoisin Ristiinan Pasolasta, jossa hänen isänsä Petter Lappalainen oli ollut erittäin harras kirkossakävijä. Juhani taas oli käynyt Kauhavan Kosolan kansakoulun, jossa mm. opettaja Ilmi Karikoski halusi todella opettaa oppilailleen hengellisiä elämänohjeita ja rukouselämää. Niinpä Juhani irtautui hyvissä ajoin nuorisojengistä, joka oli tehnyt kolttosiaan Kauhavan raitilla. Hänen muutamiksi leikkikavereiksi supistuivat hänen kansakoulun luokkatoverinsa Vesa-serkku ja "pyykkärinpoika" Matti Saari, josta hänen eläkevuosinaan kehittyi Kauhavalla kuuluisa taiteilija. Matti "tuli uskoon" jo nuorukaisena, mikä rohkaisi myös Juhania tässä suhteessa.

Talvi- ja jatkosotien syttyessä mielet vakavoituivat yleisestikin ja monet turvautuivat uskoon sekä kirkon sanomaan kuolemanuhan edessä. Juhanin ensimmäiset kirkkomatkat isän ja äidin kanssa jäivät lähtemättömästi mieleen kuten myös äidinisän hautajaiset. Kuoleman uhka voimistui aina kun hälytyssireenit ulvoivat ja ihmiset pakenivat alkeellisiin sirpalesuojiin. Jumalan varjelus hätätilanteissa rohkaisi jatkamaan arkisissa askareissa kotirintamille jääneiden naisten kanssa. "Inkkari- ja pyssyleikit" saivat jäädä, kun muutto Mikkeliin muutti rajusti myös koko elämän sodan jälkeen. Isä-Vertti pääsi eläkkeelle ilmavoimista ja ryhtyi veljensä kanssa hoitamaan isänsä ostamaa kartanoa runsaan aputyövoiman kera. Juhani joutui jo 13-vuotiaana kesäisin mukaan ruumiilliseen työhön ja asteittain yhä vaativampiin suorituksiin. Rippikoulun käyminen vakavamielisen kaupungin kappalaisen johdolla pani miettimään - kuten myös uskontotunnit Yhteiskoulusa - perimmäisiä kysymyksiä. Oli varmaan johdatusta jo sekin, että Juhani valitsi kielilinjan lukiossa tulevia teologisia opintoja ajatellen. Latinankielen, kirkkohistorian ja dogmatiikan alkeet loivat hyvää perustaa pappiskoulutukseen. Matematiikan, fysiikan, kemian ja biologian alkeet eivät riittäneet eivätkä innostaneet lääketieteen opiskeluun, johon Juhanin äiti yritti kannustaa. Isä olisi ollut tyytyvänen, jos Juhani perheen esikoisena olisi ryhtynyt lukemaan agronomiksi vaikka tulikin hyväksytyksi maatalous-metsätieteelliseen tiedekuntaan. Taisi olla niin, että Juhanin ainoa poikakaveri tyttöluokassa Yhteiskoulun viimeisellä lukioluokalla, Toivo Johannes Laitinen, antoi ratkaisevan sysäyksen pappiskutsumukseen. Hän oli jo pikkupoikana ollut varma siitä, että hänestä tulee pappi. Niinpä hän innosti osallistumaan koulun raamattupiiriin ja Tuomio-kirkkoseurakunnan nuorisotoimintaan. Hän innosti myös lähtemään Kangasalle koululaisten kristillisille Teinipäiville, joita Ylioppilaiden Kristillinen Yhdistys (YKY) järjesti. Henkilökohtainen "ratkaisu kristillisyys" levisi tällä tavoin nuorison keskuuteen. Kotiseurakunnan kutsu papiksi toteutui yllättäen, kun Mikkelin Maaseurakunnan silloinen eläkkeelle siirtynyt rovasti Matti Niilo Lauha, professori ja piispa Aarre Lauhan isä, tuli kotiväkeni tutuksi siinä määrin, että vaivautui kävelemään Mikkelistä 5 kilometriä saapuakseen Rantakylän Kartanoon keskustelemaan vanhempieni aviokriisistä. Keskustelun jälkeen hän aikoi kävellä takaisin kaupunkiin, mutta isä-Vertti sanoikin Juhanille: "Viepä rovasti meidän autollamme kotiinsa". Juhani oli 18-vuotiaana saanut ajokortin ja suostui mielihyvin "kuuliaisuustehtävään". Rovastipa pyysikin kuljettajaansa kiitokseksi saapumaan hänen eläkepappilaansa iltasimalle, jolloin hän keskustelun lomassa kysäisi Juhanilta: "Oletko ajatellut lukea papiksi?". Juhani meni aluksi hämilleen, mutta rohkaistui kysymään: "Eikö siihen tarvittaisi kutsumus?", johon rovasti: "Kyllä se tulee kun vain opinnoissa alkuun pääsee". Taisi olla hänen oma kokemuksensa. Niinpä Juhani yhden yön rukoiltuaan asian vuoksi ilmoittautui Savolaisen Osakunnan jäsenenä Teologisen Tiedekunnan notaarille, koska siihen aikaan ei opiskelijoiden pienen lukumäärän (53) vuoksi pidetty karsintakokeita. Toivo Laitinen ilahtui ilmiselvästi.

Opiskelu keskeytyi kesäisten maatöiden ja asepalveluksen vuoksi siten, että loppututkinto viivästyi, mutta kutsumustietoisuus ja hengellinen kasvu vain vahvistuivat. Juhani osallistui edelleen Teinipäiville, mutta ensimmäiset "todistuspuheenvuorot" olivat heiveröisiä. Sitten tapahtui, että Imatran Yhteiskoulun uskonnon opettaja, sittemmin kirjailija ja uskonnollinen runoilija Anna-Maija Raittila, otti yhteyden Helsingin Laestadiolaiseen Ylioppilaskotiin ja pyysi muutamia teologian opiskelijoita yöksi kotiinsa ja päivisin osallistumaan Imatralla pidettäviin YKY:n Kristillisiin teinipäiviin puhujiksi. Eräät uskovaiset ylioppilaat pyysivät Juhanin mukaan Raittilan kotiin ja kysyivät yllättäen Juhanilta: "Haluatko sinäkin uskoa?". Kun hän ei uskaltanut kieltääkään, opiskelijat julistivat "Kaikki synnit anteeksi Jeesuksen nimessä ja veressä". Siitä alkoi vuosikausia kestänyt vanhoillislaestadiolainen hengellinen vaellus Juhanin elämässä, johon kuului ahkera seuroihin osallistuminen ja saarnavuorot Helsingin Rauhanyhdistyksessä. Usko antoi rohkeutta julistaa väkijoukoillekin selkeää ja Raamattuun perustuvaa uskoa siitä huolimatta, että monet loukkaantuivat siihen ja tyrmäsivät armon tarjoukset. Pahimmalta se tuntui omaisten ja Toivo Laitisen kohdalla. Mutta tuleva vaimoni otti sen vastaan ja kilvoittelimme Rauhanyhdistyksen edustamassa hengellisyydessä aina vuoteen 1974, jolloin aloin sisäistää Jeesus Nasaretilaisen opetuksen: "Minulla on myös muita lampaita. jotka eivät ole tästä tarhasta, ja myös heitä minun tulee johdattaa ja niin on oleva yksi lauma ja yksi Paimen" (Jh 10:16). Vieraantuessaan kaikki muut hylkäävästä hengellisyydestä Juhani joutui vaimonsa kanssa moniksi vuosiksi hengelliselle "tuuliajolle", vaikka he ymmärsivät Hengen "puhaltavan siellä, missä se tahtoo". He vaelsivat herännäisyyden kautta evankelisuuteen, johon he pettyivät syvästi. Senjäkeen he siirtyivät kirkolliseen ja sitten karismaattisen ekumeeniseen uskonkäsitykseen virkapaikkojen vaihtuessa useasti. Siirryttyään eläkkeelle ja Juhanin oltua kotipaikkansa kirkkoherran vuosilomittajana kolme vuotta osa perheestä siirtyi ortodoksiseen kirkkoon vuosituhannen vaihtuessa. Juhani joutui vuoden ajan kamppailemaan hengellisesti siitä, siirtyykö hänkin. Mikkelin Ortodoksisen seurakunnan silloinen kirkkoherra Markku Toivanen keskusteli asiasta ja pyysi Juhania harkitsemaan perusteellisesti asiaa ja arvosti hänen siihenastista virkauraansa. Lopuksi Juhani voideltiin juhlallisesti Lasaruksen lauantaina 1999 ortodoksiksi ja hän vaimonsa kanssa saatuaan Eukaristian totesivat: "Nyt me vasta koemme tulleemme hengelliseen kotiin!". - - -

(Kirjoittajan julkaisematonta kirjallisuutta: "Ujo poika pappiskoulussa, seurustelijana ja armeijassa", "Pappis-kokemuksia...", "Melkein lentäjä itsekin", "Rakkauskertomus" ja "Seikkailut Artturuksella Saimaalla vuosina 1998-2010").

Sisällys